LE PRIX PARFAIT

 LE PRIX PARFAIT

LE

PRIX

PARFAIT

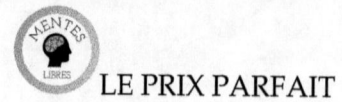

LE PRIX PARFAIT

 LE PRIX PARFAIT

CONTENU

Prix: tout ce que vous devez savoir

Travailler avec des acheteurs sensibles aux prix

Le "prix gagnant"

Prix selon le type de produit

Stratégies de prix qui améliorent les bénéfices

Écrémage des prix comme stratégie de tarification

La tarification psychologique est-elle une stratégie efficace?

Prix de pénétration du marché

Prix promotionnels

Prix compétitif

Offrez des remises dans le cadre de votre stratégie de prix

Stratégies de prix alternatives

Offres les plus attractives

Prix fondé sur la valeur

Comment savoir si votre prix est correct?

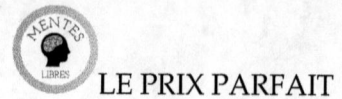 LE PRIX PARFAIT

 LE PRIX PARFAIT

Prix: tout ce que vous devez savoir

Si vous essayez de vendre quelque chose sur l'internet, la tarification de vos services/produits sera la décision la plus importante que vous prendrez. Comme l'internet offre des milliers d'alternatives aux clients, vous devez suivre la concurrence. Les prix détermineront la durée de votre séjour sur le marché.

Vous devez avoir une idée claire des prix. Jusqu'où pouvez-vous aller ? À quelle fréquence devez-vous revoir les prix ? Beaucoup dépendra de la façon dont vous gérerez cette étape de l'entreprise.

 LE PRIX PARFAIT

Pour commencer, vous devez identifier un groupe de consommateurs et ensuite estimer combien ils seraient prêts à payer pour vos services ou produits.

Mais en plus de cela, vous devez également vous assurer que vous en tirez un avantage pour vous-même. Et très souvent, ces deux exigences peuvent être en conflit l'une avec l'autre. Chaque personne utilise des techniques différentes pour fixer le prix de ses produits. Certains d'entre eux ont une base scientifique et d'autres non. Vous trouverez ci-dessous une de ces procédures qui fonctionne avec une compréhension du coût de production, des attentes des clients et des autres acteurs du domaine.

Le coût est défini comme la somme totale des dépenses engagées pour la fabrication d'un produit. Les dépenses comprennent le coût des matières premières, des machines, de l'emballage, de la livraison, etc. Le prix est le

 LE PRIX PARFAIT

montant que les clients doivent payer par unité de leur produit/service.

Pour que vous puissiez réaliser un bénéfice, le prix doit être supérieur au coût. Vos prix doivent être constamment supérieurs aux coûts si vous prévoyez de gérer votre entreprise pendant une longue période, sauf dans des cas particuliers. Parfois, vous pouvez baisser les prix, par exemple pour entrer sur un marché. Commencer avec des prix inférieurs à ceux de vos concurrents fera que les gens vous remarqueront, et une fois que vous aurez un nombre décent de clients, vous pourrez augmenter progressivement vos prix !

Le montant que les clients paient pour vos services est directement proportionnel à l'importance et à la valeur qu'ils accordent à votre produit. Bien entendu, vos stratégies de marketing et votre réputation sur le marché joueront un rôle important à cet égard.

 LE PRIX PARFAIT

Entre ces deux chiffres, votre coût et le prix que vos clients sont prêts à payer pour votre produit est votre prix idéal. Si votre prix est un peu plus bas que ce que vos clients sont prêts à payer pour vos services, cela jouera certainement en votre faveur à long terme.

Si votre prix est plus élevé que ce qui est juste aux yeux du client, vous finirez par perdre votre attractivité et votre marché et vous perdrez progressivement votre viabilité.

 LE PRIX PARFAIT

Travailler avec des acheteurs sensibles aux prix

La valeur de l'argent dans le monde d'aujourd'hui est une dure réalité et c'est pourquoi les clients qui cherchent à acheter pour leurs besoins ont réalisé le facteur efficace lorsqu'il s'agit d'acheter.

Ils cherchent à tirer le meilleur parti de la moindre dépense, c'est pourquoi une tarification correcte de vos produits contribue largement à vous assurer une clientèle et des bénéfices. Mais cela ne signifie pas nécessairement que vous ne pouvez attirer vos clients qu'en réduisant les prix, car cela peut souvent entraîner des pertes.

 LE PRIX PARFAIT

Mais plus que le prix, c'est la valeur du produit qui détermine son prix aux yeux du client. Vous ne vous attendrez jamais à ce qu'un véhicule de prestige comme une Mercedes ait le même prix qu'une Toyota, mais ils s'attendront à obtenir la meilleure offre de votre part lorsqu'ils chercheront à acheter une Toyota sur le marché.

Par conséquent, ajouter de la valeur à tout produit par un bon marketing, de la recherche et du développement est un moyen sûr de s'assurer que votre client apprécie et accepte le prix et la valeur du produit. Il s'agit donc simplement de changer la façon dont le client regarde un produit.

La stratégie la plus simple et la plus efficace pour satisfaire un acheteur sensible au prix est de lui donner une image claire des avantages que cette dépense lui apportera à long terme. Tout le monde aime savoir qu'il a dépensé de l'argent pour quelque chose qui va durer et apporter plus de profit. Ainsi, si

 LE PRIX PARFAIT

vous pouvez convaincre le client qu'acheter quelque chose n'est pas seulement dépenser mais investir dans quelque chose qui en vaut la peine à long terme, il acceptera certainement de dépenser l'argent.

En montrant comment l'article le plus cher finira par causer des problèmes mineurs et donc par éviter beaucoup d'ennuis et des dépenses inutiles en services et réparations, vous pourrez peut-être conclure l'affaire. Là encore, il s'agit de convaincre vos clients qu'ils font le bon choix en examinant les avantages à long terme de l'achat.

Si vous avez un produit de qualité et que vous le commercialisez bien, tout client raisonnable viendra à vous. Même si cela implique de dépenser cet argent supplémentaire, les clients veulent ce qu'il y a de mieux sur le marché pour eux. Par conséquent, offrir des produits de qualité ne manque jamais d'attirer les clients pour plus.

 LE PRIX PARFAIT

Pour convaincre les acheteurs sensibles au prix, il faut comprendre que le prix n'est pas le seul élément de vos décisions d'achat. Lorsque vous prenez le temps de découvrir les besoins de votre client, vous pouvez présenter la valeur totale de votre service ou de votre client. Si vous ne parvenez pas à en avoir une vue d'ensemble, vous risquez de vous retrouver dans la position de répondre à des questions de prix et, à long terme, cela ne contribuera pas à la réussite de votre entreprise.

Connaissez vos clients. Découvrez comment leur esprit fonctionne et ce qu'ils veulent. Cela contribuera grandement à les convaincre et à les inciter à acheter le bon produit, bien que coûteux. Si vous ne comprenez pas qu'acheter n'est pas seulement une question d'argent mais aussi de tous les autres éléments mentionnés ci-dessus, vous devrez peut-être continuer à

 LE PRIX PARFAIT

baisser les prix pour obtenir des clients et cela ne sera pas rentable pour votre entreprise.

 LE PRIX PARFAIT

Le "prix gagnant"

Fixer un prix pour votre produit ou service, surtout lorsque vous essayez de vendre sur Internet, peut être la décision commerciale la plus cruciale. Fixer un prix n'est pas aussi simple qu'il n'y paraît. Si vous cherchez à faire des bénéfices, votre prix doit être supérieur à votre coût, mais il doit être inférieur au "prix que le marché peut supporter", le prix que vos clients s'attendent à payer pour votre service. Vous devez garder cela à l'esprit lorsque vous fixez le prix de vos produits.

Il existe des plans tarifaires élaborés que vous devez comprendre et avec lesquels vous devez pouvoir travailler. Le plan tarifaire avec lequel vous souhaitez travailler dépendra de votre modèle d'entreprise.

 LE PRIX PARFAIT

Il en va de même pour le plan "Prix pour pénétrer". Ce plan vous conviendra si votre objectif est de pénétrer rapidement le marché cible. Pour atteindre cet objectif, vous devrez fixer un prix bas pour votre produit.

Mais il est important de décider jusqu'où vous pouvez aller sans toucher le fond. Vous devez découvrir jusqu'où vous pouvez aller sans vous endetter et sans subir de pertes importantes. Vous ne devez pas hésiter à subir des pertes initiales si vous obtenez en retour des clients à long terme.

Mais comment déterminer la valeur à vie d'un client?

Assurez vos clients habituels et veillez à prendre des mesures pour qu'ils adhèrent à votre marque particulière. Le prix de pénétration est utile si vous voulez faire une impression durable. Elle peut également être

utile dans les cas où de nombreux nouveaux acteurs se lancent sur le marché.

Votre produit doit être le dernier "produit collant" que le client peut laisser tomber. Les courtiers en ligne, par exemple, sont beaucoup plus pratiques qu'une fois accrochés, les gens ne pensent même pas à des alternatives.

Une autre façon de s'assurer que le client reviendra est de fabriquer un produit exceptionnel. Lors de la vente de livres en ligne, par exemple, un bon livre à un bon prix garantirait une popularité instantanée.

Amazon.com, par exemple, est le premier acteur parmi les librairies en ligne en raison de ses tarifs très subventionnés. Bien que cette tactique de marketing aurait pu leur coûter plusieurs milliers de dollars, ils ont réussi à se constituer une solide clientèle à

laquelle ils peuvent désormais faire confiance.

Un autre exemple viable dans la vie réelle est la façon dont les entreprises qui fabriquent des machines à raser se heurtent à l'idée qu'il serait beaucoup plus rentable de revendre des lames de rasoir que des manches, et le reste, comme on dit, appartient à l'histoire.

 LE PRIX PARFAIT

Prix selon le type de produit

Trouver le bon prix pour votre produit est la clé du succès, à court et à long terme. Le juste prix de votre produit se situerait entre le coût et le prix qu'un client est prêt à payer pour vos services. Le coût comprendrait les dépenses de matières premières et d'autres coûts fixes et variables engagés dans la fabrication. A tel point qu'elle peut aussi faire doubler ou tripler vos bénéfices. Vos produits seront techniquement classés dans l'une des deux catégories suivantes :

Marchandises: Il y a beaucoup de concurrence dans ce domaine, car les produits des différents acteurs sur le terrain sont les mêmes, c'est juste le prix pour lequel ils se font concurrence. Vous devez être très

vif et constamment en alerte. Seules votre compétence et votre efficacité vous permettront de vous démarquer. Un peu de mou va encore gâcher les choses.

Produits de marque: Ce sont des produits authentiques. Authentique et spécial en soi. Vous êtes en concurrence avec les autres acteurs du marché sur la base des atouts particuliers de vos services. Si vous êtes suffisamment bon et que vous en avez besoin, vous pouvez fixer un prix qui vous garantit le meilleur profit.

Le marché sur Internet évolue rapidement. Pour suivre le rythme, vous devrez peut-être changer vos prix fréquemment, en raison de la nouvelle concurrence et de l'évolution de la demande, etc.

Ensuite, il y a certains produits, comme le matériel informatique, qui sont des produits de base et propriétaires. Les systèmes informatiques sont constamment mis à jour et deviennent plus sophistiqués, et la concurrence est féroce. Il s'agit d'un produit propriétaire en ce sens qu'un Macintosh peut encore se permettre d'être beaucoup plus cher qu'un système Windows normal en raison des fonctionnalités supplémentaires qu'il offre.

Cependant, quoi que vous fassiez, vous ne pouvez pas vous permettre de mettre un prix incorrect sur votre produit car cela peut signifier la mort instantanée sur le marché.

La guerre des prix fait aujourd'hui partie du quotidien de toute organisation. Pour survivre, vous devez être constamment en alerte et tenir vos promesses. Si un seul concurrent baisse ses prix, tout le monde doit faire de même. Mais si vous ne le faites pas, vous devez avoir de bonnes raisons de tenir bon. Une clientèle solide qui vous accompagne, quelle que soit la raison.

 LE PRIX PARFAIT

Stratégies de prix qui améliorent les bénéfices

Les stratégies de prix sont un élément parfois négligé du marketing mix. Ils peuvent avoir un impact important sur les profits, et doivent donc être pris en compte au même titre que les stratégies de promotion et de publicité. Un prix plus élevé ou plus bas peut modifier considérablement les marges brutes et le volume des ventes. Cela affecte indirectement d'autres dépenses en réduisant les coûts de stockage, par exemple, ou en créant des possibilités de rabais de volume auprès des fournisseurs.

D'autres facteurs déterminent également votre stratégie de tarification optimale. Considérez les cinq forces qui influencent les autres décisions commerciales : vos

concurrents, vos fournisseurs, la disponibilité des produits de substitution et vos clients. Il faut également tenir compte de la façon dont vous voulez être perçu par votre public cible. Si le prix d'un article de luxe est trop bas, par exemple, les clients ne croiront pas que la qualité est suffisante. À l'inverse, si vous fixez un prix de vente trop élevé sur les lignes de valeur, les clients achèteront des articles moins chers à la concurrence.

Voici quelques stratégies de tarification à envisager:

- Des prix compétitifs

Maintenir vos prix par rapport à ceux de vos concurrents est la meilleure façon de faire des affaires. Soyez conscient du prix que votre concurrent a à côté de vos produits et ensuite des prix similaires ou inférieurs aux vôtres.

 LE PRIX PARFAIT

- Supplément de coût

L'inverse du mode tactique ci-dessus, vise à fixer vos prix selon votre désir, selon le pourcentage de profit que vous voulez garder et non le marché. Mais tout comme cela a l'avantage de rapporter beaucoup grâce à des prix bon marché, cela peut aussi avoir des effets négatifs dans certaines circonstances. Alors réfléchissez et décidez sagement avant de fixer le prix.

- Leader de la perte

Une autre stratégie efficace pour attirer les clients et augmenter considérablement les ventes consiste à vendre des articles relativement bon marché à un prix inférieur à des clients qui ont le potentiel d'acheter des choses plus chères. Mais il s'agit d'un arrangement relativement temporaire et peut souvent être un pari.

 LE PRIX PARFAIT

- Fermer

C'est une technique intéressante à essayer lorsque vous nettoyez votre stock. Cette méthode consiste à vendre vos produits supplémentaires à des prix extrêmement bas pour éviter les pertes.

- Adhésion ou remise commerciale

Apprenez à connaître vos clients. Faites une liste restreinte de ceux qui peuvent en bénéficier et faites-leur des offres spéciales pour qu'ils finissent par être incités à acheter davantage chez vous et à revenir aussi. Alors, réduisez les prix, offrez des rabais, faites tout ce qu'il faut pour qu'ils reviennent dans votre magasin.

- Forfaits et rabais de quantité.

Simple plus un gratuit fonctionne également très bien. Ainsi, offrez à des clients sélectionnés une remise substantielle sur les achats en gros, qu'il s'agisse du même type, comme 5 chemises, ou d'articles similaires ou connexes. Et pour éviter les pertes, placez des offres sur les anciens stocks ou formez-en un nouveau avec les anciens pour éliminer les surplus.

- Versioned

Mettre différentes versions d'un même produit de base et proposer ensuite des prix plus bas pour les modèles les plus bas est un bon moyen de ne pas se débarrasser de ces modèles pour les gens ordinaires. Mais vous pouvez également associer des offres gratuites pendant une période donnée à des offres plus onéreuses pour inciter les clients à acheter davantage. Alors, allez-y et utilisez

LE PRIX PARFAIT

ces tactiques pour obtenir le niveau de profit que vous avez toujours voulu.

LE PRIX PARFAIT

Écrémage des prix comme stratégie de tarification

De toutes les stratégies de marketing que vous utiliserez dans votre entreprise, la stratégie de prix est l'une des plus importantes. En plus de choisir le bon produit, un marketing intelligent et un plan de vente solide, la bonne stratégie de prix déterminera votre revenu et votre part de marché. En général, les leaders de votre secteur utilisent l'écrémage du marché comme technique de fixation des prix.

La stratégie d'un fabricant d'ordinateurs consiste à créer un nouvel ordinateur portable tous les huit mois environ. Elle réduit le prix des modèles anciens non vendus (en phase de maturation) et maintient le prix des nouveaux ordinateurs portables

 LE PRIX PARFAIT

(en phase d'introduction) plus élevé. Les nouveaux ordinateurs portables devront être plus chers en raison de leurs nouvelles fonctionnalités.

Par conséquent, le fabricant baisse le prix (ou le marché) à différents stades : introduction, croissance, maturité et déclin. Il tire le maximum de profit du prix plus élevé que commande chacune de ces étapes.

Cette stratégie fonctionnera dans un grand marché avec suffisamment d'acheteurs ayant une forte demande de produits ou de services et une entreprise ayant une structure de coûts peu élevée. Dans l'exemple ci-dessus avec les ordinateurs portables, la demande est élevée, il y a beaucoup d'acheteurs récurrents avec une industrie qui a une structure de coût faible qui est rendue possible par la technologie.

 LE PRIX PARFAIT

Maintenant, le défi pour l'entreprise vient du fait qu'il y a un certain nombre de concurrents sur ce marché. Si tous ces concurrents disposent d'une gamme complète de produits similaires, chacun ayant un cycle de vie variable, les acheteurs auront beaucoup de mal à juger le produit en termes de qualité ou de service ou de rapport qualité-prix.

Face à un flot de produits d'apparence similaire, l'acheteur choisira un ordinateur portable offrant un maximum de fonctionnalités au prix le plus bas. Et si votre entreprise n'est pas celle qui propose le prix le plus bas, vous risquez de nuire à la réputation de votre marque, car il semblera que vous ayez surfacturé les produits, ce qui finira par entraîner une baisse des ventes.

Avant de choisir une stratégie de prix, assurez-vous d'étudier soigneusement le marché. Vous devez avoir une idée précise du comportement des clients et de la façon dont les concurrents vont agir ou réagir. Et cette stratégie devrait être continuellement testée lors de sa mise en œuvre afin de s'assurer que les facteurs qui ont conduit à cette stratégie n'ont pas changé au fil du temps avec l'évolution des conditions du marché.

LE PRIX PARFAIT

La tarification psychologique est-elle une stratégie efficace?

Le prix a une signification psychologique associée. Les acheteurs pensent que si un produit a un prix élevé, alors il a plus de valeur. Bien que cette croyance soit plus psychologique que fondée sur la réalité, elle rend les éléments tangibles du prix plus efficaces que le produit lui-même.

Il est toutefois intéressant de noter que lorsque l'acheteur commence à étudier la nature du produit de manière plus approfondie, ses décisions deviennent plus rationnelles et le prix plus élevé cesse d'être la mesure de la valeur du produit. Un bon exemple où la

 LE PRIX PARFAIT

Les prix psychologiques sont que les acheteurs ont tendance à être plus enclins à des prix qui se terminent par des nombres inégaux tels que 9, 99 $ parce qu'ils croient qu'ils obtiennent une meilleure affaire que si les prix se terminent par des nombres pairs tels que 20, 66 $ etc.

Si les produits dont le prix se situe dans une "fourchette" de prix, comme dans les enchères en ligne, ou s'ils ont un prix compris dans un intervalle impair de 199,00 $, alors les produits seront considérés comme ayant plus de valeur qu'une liste de 200,00 $. Le comportement des consommateurs est tel que les prix se situant dans une fourchette étrange sont généralement considérés comme une meilleure affaire, il est donc important de s'assurer que vous avez choisi le bon prix et la bonne stratégie pour le produit.

Un autre exemple de tarification psychologique est la tarification de référence. Le prix de référence est le rapport

LE PRIX PARFAIT

psychologique des acheteurs à un prix, car il reflète directement leur relation avec le prix d'un produit. Dans le cas de produits de grande valeur, comme les produits de luxe, le prix de référence est très influent et une entreprise entière peut être capitalisée sur cette base.

Toutefois, il faut faire attention au positionnement des prix car la stratégie peut être contre-productive si l'acheteur estime que le produit ne mérite pas d'être dans cette catégorie. Si le produit présente les caractéristiques qui plaisent à un acheteur sensible à son ego, le prix de référence est une stratégie de prix appropriée.

Les produits de luxe haut de gamme qui attirent les acheteurs sensibles à leur ego en sont un exemple. Pour que le prix de référence soit efficace, vous devez vous assurer que le prix que vous avez déterminé pour un produit est le mieux ajusté sous tous

 LE PRIX PARFAIT

les angles et points de vue, y compris le vôtre.

Assurez-vous que le prix choisi correspond au produit et que le prix a été testé avant son lancement sur le marché cible. Vous devez également tenir compte de l'influence des différents éléments du marché sur le prix. Le produit doit être adapté à une stratégie de prix psychologique, le programme de promotion doit être adapté à la stratégie de prix et les canaux de distribution doivent être synchronisés avec le prix et ne pas annuler le coût du produit lui-même.

LE PRIX PARFAIT

Prix de pénétration du marché

Une stratégie de prix d'entrée rapide qui suppose que le volume des ventes augmente lorsqu'un objet a un prix bas qui, à son tour, réduit les coûts globaux, est appelée prix d'entrée sur le marché. C'est une stratégie utile qui peut être utilisée sur les marchés sensibles aux prix. Prenons par exemple le marché des lecteurs de DVD ; c'est un marché où les volumes de vente sont élevés, mais où le nombre de concurrents est également élevé.

Les coûts de production des lecteurs de DVD ont considérablement diminué et la technologie en constante évolution a permis l'introduction rapide de nouvelles fonctionnalités et d'avantages dans les nouveaux modèles. Les entreprises qui font payer les lecteurs de DVD et vendent de gros volumes à des prix bas ou raisonnables suivent une stratégie de pénétration du marché.

Les entrepreneurs qui utilisent la tarification de pénétration du marché essaient généralement de développer un marché pour leur marque et, ce faisant, de pénétrer le marché pour le produit dans son ensemble. Tous les calculs sont basés sur l'hypothèse que le prix le plus bas remportera la plus grande part de marché. Mais il est très important d'évaluer votre marché, sa sensibilité au prix et son élasticité ou inélasticité avant d'utiliser cette stratégie de prix.

Un certain nombre d'études de marché sont également nécessaires pour que vous puissiez comprendre et préjuger de la réaction de vos concurrents à cette stratégie de prix pénétrante. Par exemple, si votre prix bas amène votre concurrent à baisser également son prix, vous vous retrouverez dans une impasse, car vous baisserez alors à nouveau votre prix, ce qui provoquera une réaction similaire de sa part, et cela continuera et personne ne gagnera.

Si ce qui a été dit ci-dessus est vrai, il est également vrai que votre stratégie de prix d'entrée sur le marché peut être dissuasive pour les nouveaux concurrents qui envisagent d'entrer sur le marché. Le risque qu'un nouvel entrant gagne une part de marché importante est extrêmement élevé et lorsqu'il considère le niveau de son prix, il constate que sa marge sera faible et envisage donc les risques qu'il pourrait choisir de ne pas entrer sur le marché.

Mais pour réussir cette stratégie, vous devez être prêt à profiter des économies d'échelle qu'un volume élevé de ventes générera et à être le fournisseur à bas prix sur le marché. Si vous avez une entreprise existante et que

votre concurrent suit une stratégie d'entrée sur le marché, vous devez faire la même recherche et évaluation approfondie du marché et de vos propres capacités :

- Est-il possible pour vous de réduire vos coûts?
- Pouvez-vous être sûr de produire de gros volumes?
- Pouvez-vous courir le risque de vendre votre produit à bas prix (et vous attendre à ce que le volume des ventes vous donne la part de marché et la rentabilité que vous souhaitez)?

Si vous répondez par la négative à toutes ces questions, réfléchissez très attentivement à cette stratégie de pénétration avant de l'utiliser, et si vous n'êtes toujours pas sûr, ne suivez pas la stratégie.

Toutefois, si vous êtes un nouveau chef d'entreprise qui envisage cette stratégie dans un marché nouveau ou peu peuplé où la concurrence est faible, alors concentrez-vous sur la manière de réduire vos coûts et d'accroître votre efficacité.

Quelle que soit la stratégie de prix que vous décidez d'utiliser, veillez à la préciser dans votre plan de marketing mix en indiquant les raisons de votre choix.

Évaluez la stratégie de commercialisation que vous avez choisie, y compris votre stratégie de prix, au moins une fois par an, lorsque vous actualisez votre plan d'entreprise, et assurez-vous qu'il s'agit de la bonne stratégie pour votre produit compte tenu des conditions du marché et pour vos consommateurs et concurrents.

 LE PRIX PARFAIT

Prix promotionnels

Les prix promotionnels sont généralement utilisés lors du lancement d'un nouveau produit. Il est utilisé pour stimuler la demande pour les produits qui ont une demande en retard. Les acheteurs de prix cibles sont généralement ceux qui recherchent l'affaire. Certains exemples de ces prix promotionnels sont destinés à des événements spéciaux. Ils sont généralement destinés à certains événements qui pourraient être Noël ou Pâques.

Il existe des programmes de rabais ou de primes lors de l'achat d'une maison. Parfois, le vendeur offre une indemnité de déménagement ou de remplacement de la moquette ou une indemnité de rénovation ou encore un remboursement de toutes les espèces sans problèmes de financement ou d'achat de gros objets tels que des voitures. Il existe de nombreux magasins qui ne feraient pas de publicité pour des prêts de financement des intérêts pour leurs meubles achetés.

Le concessionnaire automobile propose également ces programmes de tarification pour les modèles de l'année précédente. Ces stratégies de vente ont connu un grand succès, mais il faut être prudent lorsqu'on les utilise, car les clients sont de plus en plus sensibles à la valeur réelle des stratégies. Une autre stratégie d'échelonnement qui semble fonctionner consiste à en acheter un et à en obtenir un gratuitement ou à en obtenir deux pour le prix d'un.

Cela est possible si le coût du produit est faible, avec une marge bénéficiaire saine et aussi en cas de surcharge des stocks. Un autre mode important peut être le mode de paiement qui est l'extension du délai de paiement.

 LE PRIX PARFAIT

Vous devez verser une caution et payer sur une certaine période. Vous ne pouvez obtenir le produit que lorsque vous payez. Cette pratique est très courante dans le secteur de la rénovation et de la construction, puisque le paiement est effectué d'abord en tant que coût initial, puis à mi-chemin du projet, et enfin au moment de son achèvement.

Parfois, la garantie d'une aide gratuite ou à faible coût dans ces stratégies commerciales. Un bon produit n'a généralement pas de retour et un client est convaincu. Par conséquent, ces stratégies ont un impact positif. L'utilisation excessive de ces stratégies a conduit au scepticisme des clients. Ils recherchent la réalité dans l'accord. Le prix promotionnel le plus fréquemment utilisé est la vente "de clôture".

Cette vente peut être trompeuse, car elle peut être mensongère. Il s'agit d'une relocalisation de la même entreprise. En tant que client,

vous devez savoir que vous n'êtes pas induit en erreur par ce type de système. Il existe encore de nombreux programmes efficaces de promotion des prix, alors soyez malin dans la manière dont vous élaborez vos stratégies de prix.

 LE PRIX PARFAIT

Prix compétitif

Pour déterminer si le prix de vos articles est trop élevé ou non, faites comme votre client. Faites des recherches sur le web.

Prenez n'importe lequel de vos produits et faites une recherche sur Internet. Comparez les prix avec d'autres, cela vous aidera si vous voulez vendre plus. C'est simple, il suffit d'écrire le nom et de demander à comparer les prix. Cela peut prendre un peu de temps selon l'objet que vous vendez et la saturation du marché. Cela vous donnera un aperçu important qui aidera votre entreprise et vous permettra de savoir à quoi vous attendre.

Vous pourrez peut-être différencier votre produit et convaincre votre client d'acheter

 LE PRIX PARFAIT

chez vous. Commencez par réduire vos coûts. Cela aide toujours. Si vous voyez la possibilité de baisser encore plus vos prix, faites-le. Vous constaterez que votre article deviendra le "prix le plus bas sur le web ! Le faible coût vous aide à acheter et cela compensera la différence de réduction de prix.

Garantir une correspondance de prix. Faites savoir à vos clients que vous vous alignerez sur n'importe quel prix et qu'il ne sera pas vendu à bas prix. Une fois que le client est là, faites-lui poursuivre l'achat. Vous pouvez également leur offrir la gratuité des frais de port. Si votre article coûte plus cher que celui de votre concurrent, vous pouvez offrir la gratuité de l'expédition car cela vous permet d'obtenir le coût le plus bas au moment du paiement.

La livraison gratuite est ajoutée en prime à tout acheteur. Ce mot fait une grande différence si vous faites finalement la vente

 LE PRIX PARFAIT

ou non. Si vous perdez un client, c'est parce qu'il n'est pas convaincu par le coût de l'article. Par conséquent, pour convaincre votre client que votre produit vaut le coût et vaut définitivement la peine d'être acheté, il est important que vous apportiez certains changements.

Le coût n'est pas le seul facteur, mais l'un des plus importants facteurs qui influencent l'achat. Ainsi, si vous avez offert à votre client un meilleur achat au cas où il en vaudrait la peine, cela vous aidera à avoir un avantage sur le reste des concurrents.

LE PRIX PARFAIT

Offrez des remises dans le cadre de votre stratégie de prix

Le prix des marchandises est difficile. Il n'existe pas de formule magique unique pour déterminer le meilleur prix d'un produit. Il n'existe pas de stratégie simple, mais certaines mesures peuvent être prises pour rendre les politiques de prix plus efficaces. Il est difficile d'être sûr des décisions prises en matière de prix ; vous ne pouvez vous fier qu'à votre propre jugement. Mais même si vous le faites, les décisions ne sont jamais entièrement satisfaisantes.

Le prix des biens ou des services est l'un des plus importants dans le monde des affaires. Le prix des produits doit être fixé de manière

à ce que les clients visés soient prêts à payer ce montant et qu'un prix qui génère un profit pour l'entreprise ou le commerce ne dure pas longtemps.

Il existe plusieurs approches scientifiques et non scientifiques de la fixation des prix. Voici un cadre pour la prise de décisions en matière de prix qui tient compte de vos coûts, des effets de la concurrence et de la perception de la valeur par le client.

Les politiques de prix passent parfois inaperçues dans le cadre du marketing. Ils peuvent avoir un effet substantiel sur les profits, et doivent donc être considérés au même titre que les tactiques de promotion et de publicité. La variation des prix peut modifier sensiblement les marges brutes et le volume des ventes. Cela entraîne des effets indirects sur d'autres dépenses en réduisant les coûts de stockage, par exemple, ou en créant des possibilités de rabais de volume auprès des fournisseurs.

 LE PRIX PARFAIT

Votre stratégie de prix peut tenir compte d'offres de rabais aux consommateurs qui vous donnent un avantage commercial.

Vous pouvez offrir des remises en espèces aux clients qui paient rapidement. Par conséquent, ce système récompense ceux qui aident l'entreprise à maintenir un flux de trésorerie positif et régulier et à réduire les coûts de recouvrement des crédits.

Les rabais de quantité pour les grosses commandes sont rentables lorsque le coût unitaire de vente ou de livraison d'un produit diminue à mesure que la quantité augmente. Un fournisseur, par exemple, peut remplir une commande de 12 douzaines de petits gâteaux pour un client à 10 centimes chacun, tandis que les petits gâteaux sur le rayon boulangerie peuvent être vendus à plusieurs clients tout au long de la journée à 20 centimes chacun.

 LE PRIX PARFAIT

Cela est fait parce qu'il y a un risque que certains des cupcakes ne soient pas vendus. Des coûts sont également associés au maintien de l'ouverture du magasin pour la commodité des clients choisis au hasard. L'ouverture d'un magasin pour le confort de clients choisis au hasard entraîne des coûts.

Les rabais saisonniers récompensent en fait les clients qui aident essentiellement une entreprise à équilibrer sa trésorerie et à répondre aux demandes de production.

Les allocations de remboursement pour les produits usagés retournés que l'on peut réutiliser ou revendre à profit profit profitent à la fois à l'entreprise et aux consommateurs.

Les subventions promotionnelles ont souvent un sens économique. Par exemple, si votre produit est utilisé dans des campagnes publicitaires ou des activités promotionnelles

 LE PRIX PARFAIT

par une chaîne de magasins qui vend également votre produit, cela finit par renforcer vos efforts de marketing. Si c'est le cas, vous pouvez choisir d'accorder une remise sur votre prix à la chaîne de magasins qui le fait.

 LE PRIX PARFAIT

Stratégies de prix alternatives

Le prix est sans aucun doute l'un des facteurs les plus importants dans votre stratégie de marketing mix. Le bon prix peut faire de votre produit un succès ou un échec sur le marché. Les facteurs à prendre en considération pour la commercialisation de votre produit sont les suivants :

- Il doit être de qualité supérieure.
- Elle doit présenter les caractéristiques que vos acheteurs exigent ou désirent.
- Elle doit être différente de ce que vos concurrents ont à offrir.

 LE PRIX PARFAIT

- Elle doit avoir une bonne structure de coûts.
- Vous devez également être attentif à une forte campagne de promotion.
- En tenant compte de ces facteurs, il est important de déterminer la stratégie de prix de manière à vous aider à vendre votre produit avec succès sur le marché.

Vous trouverez ci-dessous quelques stratégies de tarification alternatives:

1. Tarification générique ou économique: Dans cette stratégie, le prix bas attire l'acheteur. Ceci est typique des marques génériques ou économiques. Pour que cette stratégie soit couronnée de succès, elle doit avoir une structure à faible coût, des caractéristiques minimales et une promotion.

LE PRIX PARFAIT

Dans le même temps, assurez-vous de récolter des bénéfices solides et stables.

2. Tarification différenciée: Dans cette méthode, l'idée est de fixer le prix en fonction de différents types d'acheteurs (par exemple, le prix sera différent pour un magasin en ligne, un magasin de détail et un grand magasin) ; de la zone géographique (les prix peuvent être plus élevés en Californie que dans l'Illinois) ; de la quantité achetée (une personne qui achète de grandes quantités aura un tarif différent de celui d'une personne qui achète une petite quantité) ; du segment du compte national (le prix facturé à un compte national variera de celui facturé à un compte local). N'oubliez pas qu'il doit y avoir une raison valable à la différence de prix.

3. Prix premium: Cette stratégie s'applique aux produits de luxe ou haut de gamme, tels que les bijoux coûteux, les yachts, les avions, les propriétés, etc. Vous pouvez utiliser cette stratégie si le marché reconnaît votre produit comme un article de luxe ou de première qualité

4. Prix des produits captifs ou des produits complémentaires: Cette stratégie peut également être adaptée aux prix de la gamme de produits. Dans ce cas, les produits sont regroupés en tant que compagnons et tarifés en conséquence. (Par exemple, un mélangeur et un bol). Ils considèrent également les produits comme captifs (par exemple un rasoir qui ne peut être équipé que d'une seule lame). Ces produits sont souvent conditionnés dans un seul emballage. Les prix de ces produits en dehors d'un

emballage ont généralement tendance à être plus élevés.

N'oubliez pas d'examiner attentivement vos produits avant de choisir une stratégie de tarification particulière.

LE PRIX PARFAIT

Offres les plus attractives

L'époque où les hommes juraient par Gillette et les femmes ne regardaient pas plus loin que Guerlain est révolue. Il y a rarement des monopoles sur le marché mondial, et chaque produit de l'économie a un concurrent, un substitut qui essaie constamment de surpasser l'autre. La base la plus courante de la concurrence sur ces marchés multiproduits est le prix.

En général, les consommateurs sont attirés par les articles qui ont un coût d'achat inférieur à celui de leur substitut. Comme il s'agit principalement de produits différenciés, la qualité globale est plus ou moins la même.

 LE PRIX PARFAIT

Or, du point de vue du producteur, la seule façon de réduire le prix de son produit est d'en réduire le coût. Mais les méthodes de production ne peuvent être modifiées sans changer la qualité. Et il va sans dire que si l'on doit réduire les coûts, la qualité diminuera certainement aussi. Un autre moyen serait d'augmenter l'échelle de production. Mais cela prend beaucoup de temps. Par conséquent, une autre mesure est nécessaire pour un effet immédiat.

Les supermarchés et les grossistes utilisent une méthode typique de fixation des prix, appelée "prix par blocs". Lorsqu'un consommateur tombe sur un panneau indiquant "Lait - 1 gallon 3,00 $; 4 gallons 10,00 $", il constate automatiquement qu'il réalise une sorte de profit en payant deux dollars de moins s'il achète en gros.

Donc, mission accomplie. Bien que l'achat de produits en vrac réduise apparemment le coût pour les consommateurs, votre habitude de dépense serait différente si vous aviez à votre disposition un gallon de lait au lieu de quatre à la fois.

Une autre façon d'attirer l'attention de l'acheteur est de faire des offres intelligentes. Tout le monde comprend le concept de **GRATUIT**. C'est un mot court, mais il peut faire de grandes choses. En général, vous achetez des après-shampoings avec des shampoings, des gommages avec des savons et des chaussettes avec des chaussures. Ainsi, si vous achetez une grande bouteille de shampoing et obtenez gratuitement une petite bouteille d'après-shampoing, cela pourrait attirer beaucoup d'acheteurs.

Les buffets des restaurants facturent un prix fixe par personne pour les repas. Cela signifie que la personne qui mange de la soupe, du poulet Kiev et du dessert paie la même chose que celle qui ne mange que du poulet et du dessert. Cela peut sembler injuste pour la

 LE PRIX PARFAIT

personne 1, mais après tout, personne n'a refusé de lui servir de la soupe.

Par conséquent, bien que le prix soit un facteur, il s'agit avant tout d'une bataille psychologique où le client est confronté à de nombreuses options parmi lesquelles il peut choisir.

 LE PRIX PARFAIT

Prix fondé sur la valeur

Le prix d'un produit basé sur son jugement de valeur est extrêmement important. Les préférences des clients, les avantages des produits, l'image de l'entreprise, la commodité et la qualité des produits sont autant de critères subjectifs qui aideront une organisation à comprendre la perception qu'a le client de la valeur de son produit ou service.

Ce que veulent les clients est vital.

Économisent-ils de l'argent ou du temps en achetant votre produit? Ont-ils un avantage concurrentiel en utilisant votre service ? Quels sont leurs choix? Est-il pratique pour eux d'utiliser votre service au lieu de le faire eux-mêmes ? Que demande exactement la concurrence ?

Le prix maximum que le client paiera pour l'avantage reçu peut être compris en considérant les points ci-dessus.

Certaines stratégies de tarification basées sur la valeur sont énumérées ci-dessous. Ils tiennent compte du seuil de rentabilité, mais comprennent des jugements subjectifs en plus des chiffres.

1. Même prix que les concurrents: Ce terme est utilisé lorsque les prix d'un produit sont généralement bien établis (comme les services professionnels), ou lorsqu'il n'y a pas d'autres moyens de fixer les prix. Le défi consiste donc à trouver comment réduire les coûts pour produire des bénéfices plus élevés que ceux des concurrents.

2. Fixation d'un prix bas: Elle n'est faite que pour capter un grand nombre de clients sur le marché en question. Cette stratégie est également utilisée pour atteindre des objectifs non financiers, tels que répondre à la concurrence, projeter une image à faible coût ou simplement apprendre à connaître le produit. Si la rentabilité peut être maintenue à un prix bas, ou si les niveaux de vente sont acceptables, cette stratégie fonctionne et peut alors conduire à des prix plus élevés.

3. Faire payer un prix élevé: Il est possible de faire payer un prix élevé par rapport au coût du produit s'il est unique et précieux pour les clients. La richesse du marché cible compte également. Positionner un produit comme un "produit de prestige" dans un tel cas permettrait de facturer un prix élevé. Par exemple, les montres Rolex peuvent ne pas avoir un coût de production aussi élevé. Cependant, le prix élevé apporte un avantage de "statut" au riche marché Rolex.

Faire payer aux clients ce qu'ils sont "prêts à payer", même si c'est élevé, est une stratégie

 LE PRIX PARFAIT

qui requiert vigilance et intelligence. Il faut également une volonté de changement, car les clients (ainsi que les concurrents) peuvent décider que les bénéfices sont trop élevés. Par conséquent, de nombreux facteurs influencent la tarification basée sur la valeur, mais un stratège intelligent peut en tirer le meilleur parti.

 LE PRIX PARFAIT

Comment savoir si votre prix est correct?

Si vos prix ne sont pas parfaits, vous n'arriverez à rien, même si vous avez le meilleur produit/service au monde. Les sociétés Internet emploient trois grandes stratégies de tarification: POPS, CAPS et VAPS. Si elles sont correctement mises en œuvre, elles peuvent aider les entreprises à obtenir un avantage sur les autres.

(POPS) STRATÉGIE DE PRIX POUR LES OBJECTIFS PHYSIQUES, fonctionne bien lorsqu'il s'agit de vendre un article physique et ce qui est expédié à vos clients. Amazon.com et Wall-Mart font partie de cette catégorie. Ces entreprises commencent au niveau de base pour déterminer le prix en découvrant combien il en coûte pour

 LE PRIX PARFAIT

produire et livrer une unité supplémentaire. (Il s'agit du coût marginal).

Prenons l'exemple de Wall-Mart. Ils vendent des micro-ondes. Pour vendre une unité supplémentaire, combien cela coûterait-il? Pour le savoir, ils devraient connaître le coût de leurs achats auprès de leurs fournisseurs, le coût de leur mise en magasin et le coût de l'exécution de leur transaction. Ensuite, pour déterminer le prix final, une entreprise doit ajouter au coût marginal.

Il s'agit de la marge bénéficiaire d'exploitation:

Pour connaître le pourcentage dont ils ont besoin pour le comparer à celui d'autres entreprises similaires. Amazon a un profit de 6%. Les détaillants concurrents devraient viser la même marge d'exploitation, de préférence une marge plus faible suffirait. Une entreprise qui développe un processus commercial efficace pourrait minimiser ses coûts et l'aider à maintenir ses prix bas tout en conservant une marge attractive.

LE COÛT DE LA STRATÉGIE DE PRIX D'ACQUISITION. Le système POPS fonctionne bien si votre coût principal est le coût réel des marchandises que vous livrez. Mais les entreprises qui vendent des produits/services dont le coût est basé sur le marketing, associé au nombre de visiteurs de leur site, peuvent bénéficier de l'utilisation du **CAPS** pour déterminer leur prix final. La **CAPS** répond généralement à deux questions clés.

Combien cela coûtera-t-il pour inciter les gens à visiter un site?

Quel est le pourcentage de visiteurs du site qui effectueraient l'achat final?

 LE PRIX PARFAIT

La réponse à la première question doit être divisée par la réponse à la deuxième question pour donner à l'entreprise son coût par acquisition. Par conséquent, la marge bénéficiaire d'exploitation peut être ajoutée pour déterminer le prix final.

Par exemple, un détaillant peut constater qu'en moyenne, il coûte 0,10 $ pour un visiteur du site et qu'il peut y avoir 1 % des visiteurs qui effectuent l'achat. Donc, à partir de là, nous dérivons simplement le coût par acquisition. Et nous découvrons quel devrait être le prix final. La clé est ici de minimiser le coût par acquisition.

(VAPS) STRATÉGIE DE TARIFICATION À VALEUR AJOUTÉE Pour les entreprises dont le coût marginal est nul, par exemple pour la vente de produits numériques tels que les livres électroniques et les cours en ligne. Le système VAPS fonctionne mieux lorsqu'il crée un modèle commercial dans

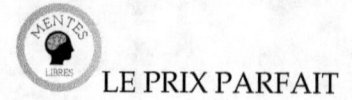LE PRIX PARFAIT

lequel vous pouvez facturer des prix différents à des clients différents.

 LE PRIX PARFAIT

Visitez notre site web! Obtenez d'autres livres de MENTES LIBRES!

https://www.amazon.fr/MENTES-LIBRES/e/B08274DDV4?ref_=dbs_p_ebk_r00_abau_000000

Si vous le souhaitez, vous pouvez laisser votre commentaire sur ce livre en cliquant sur le lien suivant afin que nous puissions continuer à nous développer! Merci beaucoup pour votre achat!

https://www.amazon.fr/dp/B089B2PL3Q

www.ingramcontent.com/pod-product-compliance
Lightning Source LLC
Chambersburg PA
CBHW050256220526
45465CB00002B/708